야생화

박석현 시집

계간문예

야생화

시인의 말

아직도 눈을 감으면 아름다운 꿈을 꿀 수 있어 좋다.
간간이 내 고향 뒷산(구불산, 輪山)에 오른다.
거기에는 내 유년 적 꿈이 서려있기 때문이다.
여름이면 소 풀 먹이는 목동이었고
겨울이면 땔나무하는 초동이었다.
'큰곡에는 6·25전쟁 통에 놀던 깽깽이 싸움이며,
병정놀이하던 개구쟁이들 삼삼하다.

철따라 야생화들이 맑게 피어 사랑스러웠다.
지금도 야생화들이 피고 있지만 많은 종이 사라지고,
꽃은 피어도, 내 눈에는
예같이 활짝 피지 못하고,
띄엄띄엄 외롭고 쓸쓸하니 눈물로 피어 있다.

《야생화》 시집은 나의 인생살이를 보는 것 같다.

2025년 초여름에 국은
박석현

■ 차례

시인의 말 • 5

제1부 이 봐, 벗님들아

겨울바다2 • 13

뜰 안의 달과 나무 • 14

바다의 교시敎示 • 15

바닷살이 • 16

사랑공원 • 17

아침 이슬 • 18

야생화 • 19

어느 여름날의 풍경 • 20

여름바다 • 21

오동나무 꽃 • 22

이 봐, 벗님들아 • 23

이태원 참사를 보고 • 24

파도의 눈은 우울하다 • 25

'폭풍의 언덕'을 생각하다 • 26

한랭전선寒冷前線 • 27

제2부 사랑의 입자

구불산輪山 마루에 앉아 • 31
내 사랑 • 32
노고지리가 그립다 • 33
모두가 앓고 있다 • 34
바람에 물든 바람 • 35
밤에 피는 꽃 • 36
별빛2 • 37
사랑의 입자粒子 • 38
선인들의 명언 • 39
순백의 매화 • 40
애상에 젖은 마음 • 41
오, 하늘이여 • 42
카르페 디엠 • 43
하루살이 • 44
한 뿌리에서 • 45

제3부 내 영혼에 불을 지펴라

겨울바다 • 49

나의 집 • 50

내 안의 겨울 • 51

내 영혼에 불을 지펴라 • 52

눈의 언어 • 53

마음의 꽃 • 54

막사발 • 55

살아 있음이 황홀하다 • 56

시를 읽으며 • 57

시인은 시를 쓴다 • 58

아침 명상2 • 59

왜 눈을 감나 • 60

침향 같은 시 • 61

제4부 꿈꾸는 나무

까마귀의 일갈—喝 • 65

꿈꾸는 나무 • 66

맑은 이슬로 피어날까 • 67

내 마음 깊은 곳에 • 68

바람의 무늬 • 69

배롱나무 • 70

비록 갈베 옷을 입었으나 • 71

시공의 경계를 넘어 • 72

아침햇살이 발광한다 • 73

어느 날의 아침 풍경 • 74

어린이 놀이터 • 75

영동할매 • 76

자미화 • 77

자성예언 • 78

해돋이 • 79

제5부 고적한 영혼

갈포의 추억 • 83
고적한 영혼 • 84
구겨진 얼굴 • 85
눈꺼풀 무겁던 날 • 86
데스마스크 • 87
동살 잡힌 언저리에서 • 88
무위無爲의 시간 • 89
빈 술병이 운다 • 90
사랑은 외롭다 • 91
살아보니 • 92
삼종 동생 • 93
생의 적막 • 94
세월은 뜬구름 • 95
영혼의 소리 • 96
잃어버린 사랑 • 97

발문 풀꽃 하나에도 우주를 담은 시인의 숨결과 눈길 • 101
— 차윤옥(시인·계간문예 편집주간)

제1부

이 봐, 벗님들아

겨울바다2

하얗게 윤슬처럼 빛나는 차가운
바닷길을 걷고 있다
저 갈매기들의 고향은 어디일까
북극곰이 어슬렁거리는
겨울바다에도
바닷새들이 사랑을 하고 있을까
인고의 시간을 넘어
극점에 올라서는
의지의 날개를 그려 본다
절망과 희망이 교차하는
얼음바다
눈부신 출렁임이
잠드는 황혼의 겨울바다
적막한 겨울바다를 생각한다

뜰 안의 달과 나무

푸른 달빛이

하얗게 여위어 가니

뜰 안의 나뭇잎들이 슬프다

바람은 속삭이듯

이별가를 부른다

우수수 낙엽이 진다

이별의 가락이 허공에 흩날린다

바다의 교시 教示

바다는 말이 없다
달빛이 고요히 내려앉으면
어머니 품속 같이 포근하다
그러나 태풍이 일고
바닷물이 뒤집히면
두려움과 절망에 허우적인다
죽음이 내재되어 있다
찬란한 아침 햇살이 깨어나면
가슴이 부풀어 오른다
바다는 언제나
인내와 믿음이 공존한다
뱃사람들의 삶은
역경을 이겨내는 야성에 있다
바다는 찬란한 노을로
하루를 재운다

바닷살이

동녘하늘이 붉어온다

잠잠한 새벽바다 서서히 눈을 뜬다
꽃구름이 물든다
어제는 바다가 울었는데
오늘은 빙긋이 웃는다
세상을 뒤흔들던 칼바람은
어디로 가고
이렇게도 평화롭구나
영혼은 어차피
하늘나라로 간다는데
이대로 바다에 살면 안 될까

황금빛 눈동자에 햇살이 비친다

사랑공원

메마른 산야에 봄꽃이 피었다기에
지리산 산수유마을로 봄놀이 가다
'사랑공원'에 들어서니
영춘화가
오솔길에 나란히 줄지어 서서
샛노란 웃음 머금고 손님을 반긴다
산수유마을엔
수백 년 늙은 고목들이
영원을 약속이나 한 듯*
노오란 꽃 옷 입고 사랑을 베푼다
개울가엔 버들강아지도 꼬리치고
개울물소리 산까치 울음소리
계묘년癸卯年
봄꿈이
꽃망울 터지듯
토끼처럼 깡충거린다

*산수유 꽃말: 영원불변

아침 이슬

아침 이슬이
별빛같이
해맑은 꽃잎으로 웃고 있다
노오란 장미꽃이 맑은
이슬에 동화되어
시샘*을 잊고
꿈길 같은 환상에 젖는다

* 노란 장미의 꽃말.

야생화

네가 떠나간 길섶에 야생화 하나
차가운 바람결에
눈물로 피어있다

유년의 잔영이 깔린
언덕엔
아이들의 웃음소리 사라지고
서럽게 그지없이
슬픔이 피어난다
네가 가고 없어도
햇살은 다시 피어나고

긴 기다림 끝에
꽃은 죽음으로 피어 있다

어느 여름날의 풍경

태양은 제 구실 하느라
뙤약볕을 내리쏟고
바람은 기가 꺾여 숨죽이고 있는데
어디선가 찌르레기
'찌이 찌이'
제 몫 찾아 끼어든다,
왕매미 말매미도
제 잘났다고 야단이다
'쏴아아 쏴 아 아'
'씨롱 쌔롱 찌 리 리'
절정의 솔 그림자
햇빛 사이로 드리우고
구름은 소풍가고
하늘은 가을하늘 닮아 간다

여름바다

푸른 물결 출렁이는 달맞이 길을
내 맘 속에 묻어두었던
사색의 흔적을 더듬어 조용히 걷고 있다
하얀 종이배를 띄우던
그 여인은
어느 하늘가를 거닐고 있을까
아스라한 수평선 너머로
시선을 던져두고
저도 모르게 바다연가를 흥얼거린다
시원한 바닷바람이
살갖을 간질인다
그때처럼 바위벽에 이는
하얀 포말을 무심코 내려 본다
젊은 날의 사랑은
포말처럼 부서지고
빛바랜 눈동자엔 달빛만 외롭다

오동나무 꽃

보랏빛 눈웃음에

달빛 어린 너의 얼굴,

꽃바람
바람결에
네 눈빛 끌어 안네

뉘라서 마다하리요

소리 없이 스며드는

네 향내

이 봐, 벗님들아

서녘바다, 벌써 제 몸 지쳐
누운 석양을 보라
허옇게 서리 내린 새벽길로
붉은 가을이 온다
기다리지 않아도 머잖아
하얀 천사들이 마중 나올 텐데

오늘을 즐겨라

히말라야 성자들도
스스로의 즐거움을 찾아
명상에 든다,
만트라*의 눈부신 빛을 바라보며

*만트라(mantra, 진언, 기도): 히말라야 산중의 수행자들은
"네가 어디에 살든 항상 명랑하게 살아라,
 네 스스로 즐거움을 만들어라"고.

이태원 참사를 보고

어서, 차라리 지워버려라
하늘이 운다
친구, 친족도 없는 거리에 네온불만 휘청거린다
세상이 풍족해지니 어린 어른들만 판을 친다
세상살이 지겨워 귀신놀이 하다가
진짜 귀신들의 아우성이 골목을 누빈다
나만 즐겨 찾던 것들이
잘못은 나라 탓만 하고
제 잘났다고 날뛰니
떼거리들의 중우衆愚정치가 판을 친다
언제 네 부모들이
할아버지 할머니들이 있었던가,
찢어지는 가난에서
죽을힘을 다해 세운 나라
혼백들이시여
굽어 살펴주시지요
이 어리석은 피붙이들을!

파도의 눈은 우울하다

탁 트인 바다를 보러 해변 카페에 앉았다

시커먼 바위 절벽에
무섭게 부서지는 파도의 눈,
세상살이
끊임없이 터지는 아우성,
파도의 눈이
쉴 새 없이 달려와 부서진다

파도의 눈은 우울하다

한순간도
잠재울 수 없는
파도의 눈,
반짝이는 달빛에
윤슬의 신비를 보듯 마음을 추슬러보자

'폭풍의 언덕'을 생각하다

거친 파도 비바람소리에 하늘이 운다

광막한 바다의 항해자들,
미친 듯이 휘몰아치는
폭풍우 속에 휘말려
사투를 벌이는
처절한 의지의 사나이들,

살다보면
맨땅에서도 넘어질 때가 있다
희망이 절망으로
절망이 희망으로
변곡점을 찍을 때가 있다

인생살이 고비 고비 마다
넘어야 할 벽이 있다

한랭전선 寒冷前線

간밤 꿈길에서 만난 사내

검은 제복 새까만 중절모에 검은
복면을 보니 저승사자 분명하다
코로나19 팬데믹에 마스크 복면으로
인간을 길들이고
그것도 모자라 밤잠까지 앗아가려나 보다
악마가 따로 있나
네가 바로 악마니라
싸늘한 냉기류가 잠자리까지 파고든다
단풍 빛 물든 이파리들
겨울이 오기 전에 다 떨어져도
우리는 코로나 블루에
흔들리지 않고
따뜻한 봄날을 맞을
사랑의 끈은 놓을 수 없지

제2부

사랑의 입자

구불산輪山* 마루에 앉아

느지막이 내 영혼이 숨 쉬는
구불산 마루에 앉아보니
동으로는 예대로 봉래산(장산)이 길게 감싸고
서북쪽은
부산의 맥이 흐르는 금정산이 버티고 있네,
앞으로는 아스라이 대한해협의 물비늘이
밀려오는데, 6·25 때 쌕쌕이가 날아오르던
비행장은 빌딩숲으로 메워졌네,
가까이 회동수원지 물빛은
예대로 기러기 울어 예던 풍경은 아니지만
간간이 청둥오리 떼 그림을 그리고
까투리 산까치 울어대던 언덕에는
소리개도 사라지고
곤줄박이 까마귀 소리 없이 날아드네,
내 영혼이 머물던 자리에는
아직도 목동의 노랫가락이 흐르는 듯한데
구름은 아득히 흩어지고
낙엽 지는 계절에
조용히 낙엽처럼 묻혀서 살라하네

*부산의 뿌리인 옛 동래의 진산.

내 사랑

산불 같은 공허한 내 사랑

뻥 뚫린 가슴

사랑이 머무는 곳은

영혼이 머무는 곳이라는데

내 머리로는 알 수 없는

영혼의 빈터

피안의 허상이다

노고지리*가 그립다

떠오르는 아침햇살에
산새들은 나뭇가지에서 울고
너희는 하늘 길을 열며
멋지게 유년의 꿈을 깨웠지,
시냇물이 그리워
봄바람이 살랑거리는데
너희는
하늘 높이에서 사랑노래 불렀지,
그윽한 보랏빛 자운영꽃 향이
퍼지는 초록 들판에
너희들 노랫가락이 어울렸지

오오이이 지리비리
오오하이 지지배배

*노고지리(종달새): 하늘 높이 날아오르며 우지진다고
   '노고지리'라 했다한다. (의성어)

모두가 앓고 있다

하늘엔 안개구름

땅에는 매연연기

거기에 COViD 19가 덮쳐

세상엔 코·입을 막아 놓아

눈만 내 놓고 산다

천기天氣는 봄날인데

세상 온통 오리무중,

모두가 세기의 늪에 빠져

우울증을 앓고 있다

바람에 물든 바람

바람에 물든 바람
꽃바람을 피워야지
끝내 이름 없이 사라지는
이슬 같은 인생
늦바람이라도 피워보라
저만치 홀로 피어 있는
쑥부쟁이 같이 외롭고
쓸쓸하니 살다 가느니
늦바람이라도 피워보라
갈잎처럼 노랗게
발갛게
단풍바람이라도 피워보라

밤에 피는 꽃

밤새 이슬로 핀 히이얀 빅꽃,

은은한 달빛에 젖어
가만히 내려 보고 있다,
내 유년 적 할머니처럼

아침에 꽃은 지고
맑은 숨결 간데없으나
향긋한 그림자는
그대로 남아

나를 가만히 잠재워 주던

별빛2

그리운 사랑의 꿈
밤마다
별빛을 그리네

영롱한 그리운 빛
내 가슴에
별이 되고 사랑이 되고

별빛 같은 그 마음
나도 모르게
마음 졸이네

이 산
저 산
뻐꾸기 울어 예는데

사랑의 입자粒子

같은 하늘 아래 살면서도
무소식이 희소식인 양
세월은 흘러
희아리* 같은
이-메일의 기쁨

밑도 끝도 없는
알갱이로
마른 잎 떨어지는
벤치에 앉아
적요한 가을을 읽고 있다

이별 같은 그리움,
보이지 않는 미소,
세상을
품어 안은
모나리자를 그리고 있다

*희아리: 조금 상한 채로 말라서 희끗희끗하게 얼룩진 고추.

선인들의 명언

시인이시여!
홀로가시라
절대고독을 맛보아야만
제 모습이 보이고
제 소리가 들리는 법일세

있는 듯 없는 듯
창백한 눈빛으로
절정의 순간을
잘 드는 날로
삼박하게 그렇게

눈꺼풀이 자꾸 껌벅거릴지 몰라

얼음 불꽃으로 영혼의 꽃을 피워야지
깊은 여운으로,
독자를 울릴 수 없다면
죽어서도 쉬지 못하지

순백의 매화

설한이 차기운 날씨에도
끈질기게 피어나는
의연한 꽃망울들,
달빛이 앉으니
우아한
선비기품이 울어난다
임 그리는 그리움 안고
청명한 하늘을
노래하는
파랑새 울음 같이
맑은 영혼,
그윽한 향내
소리 없이 듣는다

애상에 젖은 마음

살면서 가끔 밀려오는 영육의 피로에
혼자서 숲길을 걸을 때가 있다
한낮의 강렬한 태양열을 피해
숲길을 걸으면
외로움에 잠겨들 때가 있다
황혼이 기울 무렵
산 그림자 길게 내리는 기슭에 서면
해거름 푸른빛이
마음의 번뇌를 씻어 준다
어쩌면 인생길 고달픔도,
저녁 종소리 같이
영겁과 통할 것 같다

낙조처럼 그리움에 젖어

오, 하늘이여

하루 삼백미리 장대비가 쏟아지는
절벽 난간에
벼락 같이 휘몰아치는
그 장관 누가 보나
어제는 장대비
오늘은 우레 비
예부터 내리치던 물 뭉치 산더미 같다
이 골짝 저 골짝
쓸어버린 물심이 다투어
앞장서니 천지가 요동치는 구나
오, 저 몸부림
대자연의 지엄한 경종인가
오, 하늘이여
노여움을 거두시오
무서운 운기가 하늘을 뒤덮는다

카르페 디엠

'이 풍진 세상에 너의 희망이 무엇이냐'

하나님은 십자가에 못 박혀 죽고
붓다의 정신은 달마에게 강탈당하고
테스 형은 독배를 마셔 자살하고
알라를 따르는 이들은
아직도 낙타 등에 업혀
사막을 방황하고 있는데,
잘난 사람 못난 사람 모두 다
두루뭉수리 지상천국을 유혹하는
현대판 소피스트들에게 떨어져
모든 것 다 내어주는
밥통들아!

'오늘을 즐겨라'

내일은 믿을 게 못 된다

하루살이

하루를 살다가는 하루살이는
하루 살기도 벅차,
타오르는 불꽃에
빛나는 생을
불사른다,
미련 없이

한 뿌리에서

한 뿌리에서 살면서도
끝없는 갈망에 더듬거리며 살았다
한 생을 살면서도
서로를 모르면서 살았다
한이 서린 가난에
보고 느끼는 생각이 달랐다
한 세대를 넘기고 보니
한 다리가 천리라,
잠들 수 없는
밤하늘에 찬바람이 분다
삼태별이
성운(nebula)에 걸려 기웃거리다,
영혼이 잠들 그 자리를

제3부

내 영혼에 불을 지펴라

겨울바다

코로나 팬데믹에 마음 추슬러보려
블루파크 해변길을 걷다
시커먼 바다 바위 절벽에 하얗게 부서지는
물보라를 보며
파도의 속성을 생각하다
찬바람에 엉클어진 파도소리
이명처럼 들린다
파도가 바람벽에 울부짖듯
세상살이
크고 작은 장벽에 부딪쳐
쓰러지는 소리인가
내 마음 나도 모르게 울컥하다
광활한 바다
푸른 하늘 보듯
마음속의 고뇌 훨훨 날려보자
저 바다, 바다 멀리

나의 집

나의 집은 '언어의 집'이다.
첫 번째 집의 현판식은 2007년 9월 1일이다
『별바위』라는 현판을 걸고 '별을 꿈꾸는 바위'가
되고자 맹세를 했다
윤동주의 '별을 노래하는' 바위가 되고 싶었고,
유치환의 '두 쪽으로 깨뜨려져도 소리하지 않는
바위'가 되고 싶었다. 친구들은
나를 "겉으로는 바위 같이 과묵한 친구가
안으로는 자신과의 치열한 대화로
이순耳順 중반의 나이에 시인으로 등단하여
우리들을 놀라게 하였다"고 한다.
그동안 『은빛 수첩』, 『천상의 정원』,
『낯선 길 위에서』, 『바람의 눈』,
『시간의 흔적』 등 여섯 채의 집을 지었다
허나 내 자식은 수백 명이나 되었어도
남들 부러움을 받는 놈은 한 놈도 없다
자식 농사 헛 지었다
해는 이미 서산에 기울고, 노을빛 같은
자식 한 놈이라도 헛꿈을 꾸며

내 안의 겨울

찬바람이 불면
내 안에도 안개가 얼어붙는다
안팎이 부딪치는 소리
쨍하고 보인다
어느 날 갑자기
안개 속에서 만나
사랑은 아집으로
필요는 불만으로
보이지 않는 그물망에 얽히다
안으로
밖으로
서릿발 밟히는
소리가 하얗게 보인다
아, 봄바람은
어디서 잠자고 있을까

내 영혼에 불을 지펴라

외로운 가슴을 달래줄
사랑의 언어를 찾아
바다가 보이는 언덕에 둥지를 틀다
'얼이 나간 얼간이'가 아니라
새로운 삶을 살기 위해
야생의 맨 얼굴을 만나야 한다
세월이 약이라 했던가,
누가 뭐래도
내 인생은 내가 주인이다
내 마음을 안아줄
생기를 찾아야겠다
내 속에 나를 찾아
원초적 향기를 맛보고 싶다
뒤늦은 열정으로
영혼의 꽃불을 피워야지

눈의 언어

눈은 마음의 창이라는데

바다의 눈은
이 넓은 세상에서
무엇이 보고 싶을까?

연꽃은 진흙탕 속에서도
맑고 밝은 얼굴로
마음을 전하는데

생명의 에너지를 뿜어내는
태양의 눈에는
아침이슬이 보일까

달님의 눈은
항아의 꿈이 보일까

당신의 눈에는
내 마음의 눈이 보이나

마음의 꽃

피폐된 가슴속에서도
사랑나무는 자란다
고난 속에서도 꿈이 있다
얼룩진 밤의 세계에서도
꽃은 핀다
희뿌연 물빛에도 푸른빛이 있다
나의 행복은
내 마음 속에 있다
목마른 산골 바위틈에서도
구절초는
저 홀로 꽃을 피운다
은근한 향내가 대지를 적신다

막사발

아지랑이 꿈으로
일구어 낸

시퍼런 불가마에
푸른 불꽃으로 빚은 막사발

막걸리 한 사발에
피워 올린

불타는
사내들의
혼불로 빚은 꿈의 그릇이다

살아 있음이 황홀하다

생각하는 대로 살아 봐,
깨어 있는 영혼에는
세월도 스며들지 못한다는데
어제도 내일도 아닌
오늘뿐이라는 걸 잊지 말자

꿈길 같은 희망 샘을 찾아 봐,
살아 있음이 황홀하다

구름 같은 여백을 찾는다면 행운이다
침묵을 배워라
영혼이 외치는 소리를 들어 봐,
누구나 자연의 품속에서 살다가
자연으로 돌아간다

시를 읽으며

영혼이 맑아지면
마음의 창이 열린다
내면의 숲을
깊숙이 들여다보면
아름다운 꿈을 꿀 수 있다
끝없는 갈망과 열정으로
마음속에
침잠하고 있는 꿈을 깨워야지
거친 숨결이
고요해지면
진실의 세계가 열린다
내 마음 밭에
자라는
별빛을 만나야지

시인은 시를 쓴다

섞고 비비고
나비처럼 부드럽게
벽을 무너뜨려라
달빛 아래 피리를 불어라
아름답게
쉬엄쉬엄 서둘러라
끝없는 외로움과
즐거움으로 여백을 찾아라
해답 없는 물음으로
얼음 속에서도
불꽃이 이는
지치지 않는 열정으로

아침 명상2

영혼이 머물고 있는 그 자리에
올올히 솟는
신령한 힘을 빌어서
너의 개성을 펼쳐 봐
너의 존재를 맘껏 드러내 봐
네가
신성을 찾는 것이
신의 축복이리니,
하늘 우러러
하늘 길을 찾아 봐
너의 소원이 지극하여
하늘에 닿으면
따스한 햇살이 비춰 줄 거야

왜 눈을 감나

보이는 것이 많으면 정신이 없다
나는 아무 것도 볼 수 없을 때
눈을 감는다
눈을 감으면 보이지 않던 것이 보인다
없는 것이 보인다
상상의 세계,
이 세상에 없는 세계
영혼의 세계, 꿈의 세계가 보인다

하늘나라를 동경하던 시절
새처럼 가벼운
날개가 부러웠다
'갈매기의 꿈*'을 꾸고
무한 우주를 유영하고 싶었다,
눈을 감고

* 리처드 바크의 책명.

침향 같은 시

산골물이
아무도 보는 이 없는
깊디깊은 바다 밑에서
깊숙이 쟁이여
천년 침묵 속에
몸을 풀 듯,
시간의 벽을 넘어
출렁이는 물결에
하늘 뜻을 기려
그윽한 향내를 머금은
침향 같은
시 한 수를 위해
오늘도 시간을 재운다

제4부

꿈꾸는 나무

까마귀의 일갈—喝

새벽부터 아파트 숲을 휘돌아 난리더니
우듬지(피뢰침)에 나란히 앉아
세상을 조감하는 형형한 눈,
대지의 숲이 너희 영토인 줄 알았는데
빌딩숲이 너희 놀이터가 된 줄 몰랐구나,
너희 안목이 인간들보다 낫다
인간의 지혜가
하늘 신을 경외하던 그 옛날부터
너희가 태양신을 상징한 걸 보면 안다

가엾은 인간들아, "까 악 까악"
정신 좀 차려라! "까 악 까악"

(눈만 뜨면 아귀다툼하고, 전쟁의 역사가 너희 역사가 아닌가,
그 통에 하나밖에 없는 지구가 황폐화되니 지구상에서
제일 먼저 멸종되어야 할 생명체가 너희 말고 또 있는가?)

꿈꾸는 나무

시간은 만물을 변화시킨다

허공에서 찰나의 풍경을 본다

떠나야만 하는

직립의 시간,

딱따구리는 겨울을 콕콕 찍고

생강나무는 봄꿈을 꾼다

나는 겨울 숲길을 걸으며

꿈꾸는 나무들을 본다

맑은 이슬로 피어날까

지워지지 않는 그림자
스쳐가는 바람소리
서러운 눈물
아무도 그대 심연 알 수 없네
초록의 꿈들이
어둠에 깔리고
비틀거리는 낯선 길
말없이 허우적이는데
흩날리는 낙엽만 서럽게 쌓이네
생채기지며 달려 온 길
바람 불어 밤하늘 맑아지면
별빛에 묻어둔 사연들
눈동자에 어리어
맑은 이슬로 피어날까

내 마음 깊은 곳에

오월의 미풍이
가슴 설레게 감쌀 때,
밤하늘 별빛은
가물거리고
내 마음 깊은 곳에
서럽고 그리운
목소리가 들린다,
저 멀리
한줄기
연초록 그리움이
가냘프게
소리 없이 흐느낀다

바람의 무늬

바람이 분다
멀리서 바라보는 숲 물결은 아름답다
가까이 가서 보면,
수종樹種에 따라
나뭇잎들의 다양한 무늬가 있다
바람도 빛깔이 있다는데
바람이 불 때, 나뭇잎마다
제 빛깔의 바람무늬가 싱그럽다
사람도 자연에 파묻히면
나뭇잎의 바람무늬처럼
사람마다
제 빛깔에 맞는
삶의 무늬를 남길까
노을빛 같은 시간의 결*을 보여 줄까

*'인간의 자아도 결(kosha)로 나타난다'고 한다.
 결은 생각이나 감정이 행동으로,
 행동이 습관으로 무늬(결)를 남긴다.

배롱나무
- 화지산 정묘소에서

이집 가문을 알려거든
칠백 년이 넘도록
산소 등에 앉아 있는
저 부처꽃나무를 보라
시린 겨드랑이
간질이는
저 개구쟁이들에겐
맨몸으로
매롱배롱 웃고 있지만
산소 등에 얽힌
전설이야기 들을 때에는
붉은 꽃술,
석 달 열흘 동안
저 자미원紫薇垣을
불꽃처럼 밝힌다

비록 갈베 옷을 입었으나

비 온 뒤의 초록빛
초목처럼
맑은 영혼으로
시공간을 초월한
조용히
명상에 잠겨,
아무 생각 없이 그린
그림이
너무 좋아서
시새움 일까 저어하네

시공의 경계를 넘어

내 마음속 고래 한 마리
가끔
물 파랑 위로
치솟아 올라
구름 밖을 기웃거린다

아침햇살이 발광한다

동이 트니 아침햇살이 하얗게 발광한다
눈이 부시다
넓은 대양도 하늘도 환하게 밝아온다
그 옛날 해운대 간비오산干飛烏山에
날아오르던 까마귀* 같이
아침햇살이 제일 먼저
엘·시티 빌딩 유리창에서
하얗게 발광한다
눈이 부시다
부산의 빌딩들을
호령할 채비를 하는가 보다

*고대古代에 까마귀는 태양을 상징. '날아오르는 까마귀 (비오 飛烏)'는 아침 햇살이 제일 먼저 비춰는 곳을 뜻한다.

어느 날의 아침 풍경
- 통도사에서

진한 싸리꽃 향이 오솔길을 덮는다
은사시나무 이파리 파르르 떨고
개울가 갈대 잎에 맺힌 이슬이
햇살에 별빛처럼 반짝인다
머릿속엔
어린 손자 놈이 달려 나온다
(올 여름엔 별빛을 보여 줘야지)
뻐꾹이가 가까이서 엿보고 알은체 한다
시커먼 멧돼지가
갈대밭에서 숨어보다 사라진다
아직도 살아있는 자연에
가슴이 뭉클하다
하늘이 내린 현풍玄風을
어찌
속인이 짐작할 수 있으랴

어린이 놀이터

아이들은 그들만이 만나는
맑고 순수한 세계가 있다
빛과 어울린
나선형 계단을 오른다
하늘과 땅,
그 사이
그늘 없는
천상의 언저리를 맴돈다
새의 깃털처럼 가볍게
아무런 걱정 없이
무지개 꿈을 꾼다

영동할매

바람은 하눌님이 부리는 신神이다
환웅이 신단수 아래 내려오실 때
풍백風伯을 거느리고 오셨다
일찍이 배달족은
노래와 춤을 좋아했다
'바람신'을 믿었느니,
바람은
대지의 영적인 기氣를 불러내고
주술을 불러내고
소리를 불러낸다고 한다
노래하고 춤추며
시공간을 초월한 황홀경으로
신의 거리를 좁힌다,
신바람이

*영동할매(바람신): 바람의 영적인 힘은 동쪽에서 일어나 온다고 한다.

자미화

솔잎에
눈꽃이 피듯
자미화紫薇花*에 별꽃이 피니,
내 마음
나도 모르게
둥실둥실 떠오른다
메마른
내 가슴에도
별꽃을 피우려나,
보랏빛 미소를 머금고

*배롱나무 꽃의 다른 이름.

자성예언

삶과 죽음은
끊을 수 없는 인연의 고리

하늘의 인연으로 맺은
에로드라마 같은 나날

삶의 일상에서 피폐된 심혼을
달래기 위해 고뇌의 밤을 보낸다

푸른 달빛이 미소를 지을 때
자성自性을 깨운다

나는 나를 믿고
내 자신을 다스릴 수 있다

해돋이

파도가 울고 바닷새가 울고
분노와 열정이
뒤섞이던
동해 바다,
아침햇살이 꿈을 머금고
갈매기들
바다노래로 안겨주는
하얗게 반짝이는
동해 바다
이슬방울 같은
눈동자에
빛나는 동해의 해돋이여

제5부

고적한 영혼

갈포의 추억

새파란 물결이 밀려드는 낭만의 바다
기억의 언저리에 햇살 머금고
그 옛날 어린이들이 부르던
'섬집 아기'
조금은 쓸쓸한 적막감이 감도는
갈매기 울음소리
잃어버린 기억의 저편에서 맴을 돈다
갈포*에 불어오는 갈바람소리
거북바위에 부서지는 물보라에
눈빛이 머문다
지난날 미친 듯 밀어닥치던 파도도
실바람이 조용히 잠재운다
아름다운 비취빛 풍광에
아련한 추억이 얽혀
눈시울이 노을빛으로 젖는다

*송정의 옛 포구 이름.

고적한 영혼

구름 망토를 걸친 사내,
신들린 듯 구름 위에 시를 쓴다
상처 난 심장에
술이 있고
바람이 부니
하늘의 언어로 시를 쓴다
씻을 수 없는 멍든 가슴,
켜켜이 쌓인 울분을 뱉어낸다
빛바랜 사연들,
부질없는 욕심,
모두 다 날려버려라
숨 막히는 광란의 바다에
조각배를 띄우던
바람의 시간,
밑도 끝도 없는
디오니소스적 외로움에
발목을 적시고 있다

구겨진 얼굴

시계는 시침을 뚝 떼고 말이 없다

시간은 갈수록 가속이 붙는데
육신은 갈수록 꼬부라진다

하늘은 못 본 척 눈을 감는다

구겨진 얼굴엔 우는 건지
웃는 건지
거친 숨결만 귓전을 울린다

양심의 가책을 받은
심상의 표상일까

눈꺼풀 무겁던 날

적막한 산사의 밤,
말없이 눈물짓던 회한의 바람소리

꿈처럼 아름답던 그 시절에도
무시로 나를 울리던
저 바람소리

사노라면
느닷없이 그리움을 몰고 오던
저 바람소리

이제는 그리움도 지쳐
아련한 기억 속으로 멀어져간다

데스마스크

설산에 피어나는 눈꽃을 보며
찻잔에 어리는
초췌한 너의 모습,
뼈를 깎는 세월의 무게에
의지도 갈망도 결빙되어
외로움의 도가니에
얼굴이 잠긴다
고독한 삶을 받쳐 온
네 마음속의 진실,
가물거리는 별빛마저
너울로 가려진다

동살 잡힌 언저리에서

웃음살 띄우다

솔바람소리에
푸른 넋이
가슴을 헤집는다

어린 시절
마음속에 그리던
꿈같은 동경憧憬도
구름처럼 흘러 보내고

그냥 거기 서서
해 마중 나선
가슴속의 메아리

무위無爲의 시간

어른답지 않는 동심으로
채워지지 않는 꿈,
숨 가쁘게 살아 온 날들
한갓 바람이었어라

한겨울
양지바른
심우정尋友亭*에 앉아
곤줄박이 딱새와 놀다

한가한
노년의 시간,
조용히 입 다물고
자연의 포근함을 찾는다

*해운대 장산체육공원에 있는 정자이름.

빈 술병이 운다

너는 어두운 사내들 마음을 유혹하고
쓸쓸한 늙은이들 마음을 추스르고는
고독한 영혼들을 위로하며
한생을 살다가
너 마저 힘없이 쓰러져 우는구나
바람이 지나가다
너를 위로하며 우는 밤,
시린 마음에 너를 찾는 벗들에게
너의 사명 다했느니
조용히 너 자신의 울음소리를
들어 보렴
한 생이 그렇게들 지나가느니

사랑은 외롭다

사랑할수록 외로워지는
겨울 바다와
마주하고 있다
한줌 햇살에도
세월 속에 묻힌 뜻이 있다
불타는 열정,
불나비 같은 허망,
추억으로 멀어진
파도소리 들으며
분신 같은
그리움에
마음을 적시고 있다

살아보니

세상만사 바람이다

메마른 마음 밭에
2월의 산불처럼 번지는 허무,
여든을 넘어서니
심란하게 백발마저 성글다
하늘에는
별의별이 다 뜨는데
술잔에는
그대의 눈망울이 눈물처럼 고인다

참회의 눈빛이 별빛이다

삼종 동생

담도 울도 없는 이웃사촌,
아름드리 살구나무 밑에서
한 살 차이로 유년을 보냈다
흙속에 바람 속에
풋바심 곡기로
이지러진 달빛에 푸르게 젖어왔다
바람 같은 세월
봄날이 언제였던가,
몹쓸 코로나 접종으로
어쩌다 반신불수 되어
요양병원 생활 한다니
가슴이 미어진다
네가 소일하던 밭뙈기는
묵정밭이 돼가고
봄날이 와도
그늘을 지울 수 없으니 안타깝다
저무는 인생살이
이렇게 모진 바람 하늘이 노랗다

생의 적막

눈을 감아야 보이는 사람,
이별이 그리움을 몰고 오듯
뒷모습이 그리운 사람,
고독한 이가
심연의 깊이를 재듯

고단한 하루가 영혼을 깨운다

새는 허공에서 울고
달빛은 바다에서 흐느적이는데
빈 가슴
허기진 잔에
별빛마저 아득하다

세월은 뜬구름

머릿결은
어느 새
희끗희끗 저물고,
목마른
허기 속에
소중히 품고
살아 온 꿈들,
한 세상
더불어
잃어버린 것에 대한
회한이
무심한 바람결에
마음 밭을 갈고 있다

영혼의 소리

동살 잡힌 언덕에서는
말하고 싶은 간절함이
영혼을 깨운다
영혼이 외치는
야성의 소리를 들어 봐
늑대는 달빛을 보고 운다는데
바람이 전해 준
고독한 영혼의 소리를 들어 봐
야생의 초목들도
제 목소리가 울리는 것 같다
인생은
뜬구름이라 해도
제 영혼의 소리를 남긴다

잃어버린 사랑

달빛이 흐르는 호숫가에 앉아 상념에 잠긴다

사랑을 모를 때는
마음이 평온하고 자연스러웠는데

나 홀로 호숫가를 걸으니 가슴이 허전하다

사랑이 뭔지, 모든 게 당황스럽고
마음 둘 곳 없다

사랑 속에서도 숨겨진 눈물이 있었나

달빛을 안고 있는 호숫가에 앉아
흘러가는 구름만 쳐다본다

발문

| 발문 |

풀꽃 하나에도 우주를 담은 시인의 숨결과 눈길

차 윤 옥
(시인·계간문예 편집주간)

　박석현 시인은 교육자에서 시인의 길을 걸으며, 자연과 생명의 순환을 바라보며, 여러 권의 시집을 선보였다. 이번에 상재하는 시집 《야생화》에는 자연을 소재로 시의 행간마다 소중한 경험을 잘 발효시켜, 시인의 연륜이 향기로 우러나는 시들이 중심을 이룬다. 긴 세월의 성찰과 연륜이 깃든 결실이다. 소박하지만 강인한 야생화를 통해 생명의 기적과 덧없음을 노래하며, 자연과 하나 되어 살아가는 존재의 깊은 의미를 깨닫게 한다.

　네가 떠나간 길섶에 야생화 하나

차가운 바람결에
눈물로 피어있다

유년의 잔영이 깔린
언덕엔
아이들의 웃음소리 사라지고
서럽게 그지없이
슬픔이 피어난다,
네가 가고 없어도
햇살은 다시 피어나고

긴 기다림 끝에
꽃은 죽음으로 피어 있다

— 〈야생화〉 전문

 이 시집의 표제작 〈야생화〉는 야생화를 통해 생명의 순환과 상실을 노래한다. 길가에 핀 야생화를 보고, 소박하지만 강인한 생명력을 지닌 경이로움을 간결한 언어로 잘 다듬어 놓았다. '네가 가고 없어도/ 햇살은 다시 피어나고' 라는 구절은 계속되는 삶의 무상함과 위로가 느껴지도록 이미지를 강화한다. 생명의 덧없음은 기다림의 정서에 깊이 스며들어 독자로 하여금 숙연하게 만든다. 야생화는 순수했던 과거를 떠올리게 하며, 자연의 순환을 통해 자연과 소통할 수 있다.

〈야생화〉에 등장하는 시어들, '눈물' '햇살' '죽음' 등은 화자의 감정을 상징적으로 드러내 보여준다. 모든 생명체는 숙명처럼 받아들여야 하는 상실이 있다. 자연 속 야생화를 통한 감정 투영으로, 그 상실을 위로해준다. 유년시절의 회상에서 현재에 이르며, 죽음으로 이어지는 구조로 엮은 이 시는 깊은 여운을 남긴다. 삶과 죽음, 기억과 상실, 자연의 순환을 야생화라는 존재를 중심으로 기다림과 떠남이라는 감정의 강한 이미지로 다가온다. 존재론적 성찰과 상실의 의미를 되새기게 하며, 부조리 속에서도 꽃은 피어난다는 사실을 잔잔하게 펼쳐 보여준다.

밤새 이슬로 핀 하이얀 박꽃,

은은한 달빛에 젖어
가만히 내려 보고 있다
내 유년 적 할머니처럼

아침에 꽃은 지고
맑은 숨결 간데없으나
향긋한 그림자는
그대로 남아

나를 가만히 잠재워 주던

- 〈밤에 피는 꽃〉 전문

이 시 '밤에 피는 꽃'은 시간성과 기억을 중첩시킨다. 박꽃은 밤에 피었다가 아침에 지는, 은밀한 존재다. 박꽃의 이미지에 은은한 달빛과 할머니의 모습이 겹쳐지면서 유년 시절로 돌아간다. 낮에는 쉽게 볼 수 없는 은밀하고도 조용한 꽃, 밤에 피는 꽃은 바로 박꽃을 상징한다. 화자는 '하얀 박꽃'을 통해 그리운 할머니의 품 같은 존재를 불러내며, 꽃이 지고 나서도 "향긋한 그림자는/그대로 남"는다는 구절은, 육체적 부재에도 불구하고 향기처럼 남아있는 그리움과 추억의 지속성을 노래한다. '밤', '달빛', '그림자' 같은 은유가 시 전체를 몽환적으로 감싸며, 정적이지만 깊은 울림을 준다. 이미 떠난 존재를 회상하며 상실감의 공허를 향기로 메우기도 한다. 할머니는 '가만히 잠재워 주던' 유년의 보호자이자 정서적 뿌리이다. 박꽃은 물리적 생명보다는 기억의 공간에서 피어나는 꽃이며, 잃어버린 시간을 조용히 불러와 따스하고 서정적인 잔향을 남긴다.

피폐된 가슴속에서도
사랑나무는 자란다
고난 속에서도 꿈이 있다
얼룩진 밤의 세계에서도

꽃은 판다
희뿌연 물빛에도 푸른빛이 있다
나의 행복은
내 마음 속에 있다
목마른 산골 바위틈에서도
구절초는
저 홀로 꽃을 피운다
은근한 향내가 대지를 적신다

— 〈마음의 꽃〉 전문

이번 시집에 실린 시들은 전체적으로 짧다. 이 시도 짧은 단문과 반복 구문으로 이루어져 강한 리듬감을 준다. 시적 화자는 상처 입은 '가슴속', '고난 속', '얼룩진 밤의 세계', '목마른 산골 바위틈' 등 생명력과 희망이 기대되기 어려운 장소들을 나열하면서도 그 안에서 피는 '꽃'을 통해 인간의 강인한 의지를 노래했다. 시는 거기서 멈추지 않는다. '사랑나무'가 자라고, '꿈이 있다'는 선언은 상처 입은 가슴과 고난 속에서도 희망과 사랑, 꿈이 여전히 살아 있음을 역설한다.

마음의 꽃에서 '꽃'은 단순한 식물이 아니라, 상처 입고 피폐한 마음에도 스스로를 살리는 '희망' 혹은 '사랑'을 상징한다. "구절초는/저 홀로 꽃을 피운다"라는 표현은 스스로 외롭게 피는 들꽃의 이미지를 통해 화자가 내면의 고독과 의지를 직시하고 있음을 드러낸다. 화려하지 않은 '은근한 향내가 대지를 적신다'는 소박하지만 강한 삶의 지속성을 상징하며, 한 송이 꽃이 대지 전체에 스며드는 넓은 울림으로 잔잔한 감동을 남긴다.

이 시는 힘겨운 삶의 조건 속에서도 '꽃'을 피우는, 현실의 고통을 넘어서는 의지를 상징하며, 절망의 언어가 아니라 희망의 언어로 고통을 돌파한다. 직설적이면서도 잔잔한 어조는 오랫동안 곱씹게 만드는 여운을 남기는 미학적 특징이 있다. 마음속에서 스스로 피워 올리는 내면의 의지를 노래한다는 점에서 '의지의 서사시'라 불릴 만하다.

시는 종종 가장 작은 것들을 통해 인간의 가장 큰 내면을 비춘다. 세편의 시가 모두 '꽃'을 주제로 삼고 있지만 그 꽃은 결코 같은 의미로 피어나지 않는다. '꽃'의 상징성과 시적 태도, 상처와 고난, 상실과 기억을 시인의 언어로 견뎌낸다. '꽃'을 통해 인간 존재의 내적 힘과 정서적 뿌리를 탐색하는 아름다운 시다. 고통과 상실을 품고도 여전히 피어나는 '인간'이라는 존재의 은근한 향내를 느낄 수 있다. 동일한 '꽃'을 주제로 삼았음에도, 전혀 다른 결로 읽힌다. 역경 속에서 스스로를 지켜내는 생명력을 강조하는 능동적 상징, 사라진 것들이 남긴 정서적 향기와 기억의 지속을 표현하는 수동적이며 사색적인 상징을 통해, 고통과 부재라는 인간의 근원적 조건을 서로 다른 방향에서 조명한다.

박석현 시인은 상처받은 존재가 어떻게 자기 안에서 꽃을 피우는지 보여주며, 이를 통해 독자에게 말한다. 삶은 늘 고통과 상실을 동반하지만, 희망은 외부가 아니라 마음속에 존재하며, 그 마음이 자라나면 언제나 은근한 향내로 대지를 적신다. 한 송이 들꽃은 산골 바위틈에서도 피어나고, 스러진 박꽃은 그 향기로 할머니의 손길처럼 화자를 어루만진다. 고통은 사라지지 않지만, 그 속에서 꽃은 언제나 새로운 형태로 피어난다고.

이번에 상재하는 시집 《야생화》에 담긴 한편 한편의 시들은 시인의 언어로 승화시켜 우리 마음에 잔잔한 울림을 준다. 기다림 끝에 다시 피어나는 생명의 빛, 스러짐 속에서도 움트는 희망을 노래하며, 자연의 숨결과 소통하는 기쁨을 누리게 할 것이다. 상처와 결핍을 향기로 바꾸어내는 시의 힘, 그리고 인간 마음의 힘을 가장 소박하면서도 깊이 있게 증명해준다. 시적 아름다움을 지키며, 자연과 하나 되는 서정의 언어로 승화시킨 한편 한편을 읽으며, 독자들 또한 자연의 숨결과 소통하는 기쁨을 누리게 한다. 시집 상재를 축하한다.

계간문예시인선 219

박석현 시집 _ 야생화

초판 인쇄　2025년 7월 25일
초판 발행　2025년 7월 30일

지은이　박석현
회　장　서정환
발행인　정종명
편집주간　차윤옥

펴낸곳　도서출판 **계간문예**
주　소　03132 서울 종로구 삼일대로 30길 21 종로오피스텔 1209호
전　화　(02) 3675-5633 팩스 (02) 766-4052
이메일　munin5633@naver.com
홈페이지　http://cafe.daum.net/quarterly2015
등　록　2005년 3월 9일 제300-2005-34호
연락처　03132 서울 종로구 삼일대로 32길 36 운현신화타워 305호
인　쇄　54991 전북 전주시 완산구 공북1길 16, 신아출판사
ISBN 978-89-6554-318-3　04810
ISBN 978-89-6554-118-9 (세트)

값 12,000원

잘못 만든 책은 바꾸어 드립니다.
저자와 협의하여 인지를 생략합니다.